Herzverankerndes Gutscheinbuch

Das ideale Geschenk für Lieblingsmenschen und Lebensbereicherer

Die Hafenprinzessin

Dieses Gutscheinbuch ist für:

Es wird dir geschenkt von:

Bitte löse es in folgendem Zeitrahmen ein:

- ◯ 1 Jahr
- ◯ 2 Jahre
- ◯ unbegrenzt

Impressum

Verantwortlich

Christian Flick / Mathias Weber
youneo projects flick und weber GbR, Poststraße 1, 49326 Melle
info@youneoprojects.de, www.youneoprojects.de

Herstellung und Verlag

BoD - Books on Demand, Norderstedt

Bildquellen

ISBN: 9783749419890

Gutschein

für 1 x Rasenmähen

Gutschein

für 1 x Hund ausführen

Gutschein

für 1 x Katze füttern

Gutschein

für 1 x Unkraut jäten

Gutschein

für 1 x Lebensmittel
einkaufen

Gutschein

für 1 x Bier trinken

Gutschein

für 1 x Wein trinken

Gutschein

für 1 x Tannenbaum
schmücken

Gutschein

für 1 x Blumen gießen

Gutschein

für 1 x Auto waschen

Gutschein

für 1 x Hemd bügeln

Gutschein

für 1 x im Wald spazierengehen

Gutschein

für 1 x Kochen

Gutschein

für 1 x Essen gehen

Gutschein

für 1 x Umarmen

Gutschein

für 1 x Zuhören &
Ratschlag geben

Gutschein

für 1 x Besuch beim Stadtfest

Gutschein

für 1 x Besuch beim Weihnachtsmarkt

Gutschein

für 1 x Taxiservice
durch mich

Gutschein

für 1 x Stadtbummel

Gutschein

für 1 x Kaffee trinken gehen

Gutschein

für 1 x Shopping

Gutschein

für 1 x Kinobesuch

Gutschein

für 1 x Lieblingsfilm schauen

Gutschein

für 1 x

Gutschein

für 1 x

Gutschein

für 1 x

Gutschein

für 1 x

Gutschein

für 1 x

Gutschein

für 1 x

Gutschein

für 1 x

Gutschein

für 1 x

Gutschein

für 1 x

Gutschein

für 1 x

Gutschein

für 1 x

Gutschein

für 1 x

Gutschein

für 1 x

Gutschein

für 1 x

Gutschein

für 1 x

Gutschein

für 1 x

Gutschein

für 1 x

Gutschein

für 1 x

Gutschein

für 1 x

Gutschein

für 1 x

Gutschein

für 1 x

Gutschein

für 1 x

Gutschein

für 1 x

Gutschein

für 1 x

Gutschein

für 1 x

Gutschein

für 1 x

Gutschein

für 1 x